Reiner Knieling

Kraftworte

Jesus Christus begegnen

Intensiv. Berührend. Lebensnah.

Meinen Eltern

in Dankbarkeit

REINER KNIELING

KRAFTWORTE

Jesus Christus begegnen

Intensiv. Berührend. Lebensnah.

adeo

INHALT

EINSTIMMUNG

„Im Neuen Testament steckt eine Theologie der – ich wage das Wort – Zärtlichkeit, die immer heilend wirkt: durch Worte, durch Handauflegen, das man ja auch Streicheln nennen kann, eine gemeinsame Mahlzeit – das alles ist nach meiner Meinung total verkorkst und verkommen durch eine Verrechtlichung [...]; dieses Element des Neuen Testamentes – das Zärtliche – ist noch gar nicht entdeckt worden."

Heinrich Böll

Jesus hier und jetzt „treffen", von ihm mitten im eigenen Erleben überrascht werden, neue Erfahrungen mit ihm machen: Darum geht es doch, wenn wir die Geschichten von ihm lesen und hören. Es geht um zarte Anfänge und langsame Annäherungen, es geht um kraftvolle Überraschungen und unmittelbare Berührungen: Die Füße tragen wieder, das Rückgrat richtet sich auf, die Kehle wird frei und der Atem fließt. Das Zärtliche wird erzählt und geschieht. Die Geschichten im Neuen Testament strahlen aus, entfalten ihre Wirkung, berühren uns. Die Geschichten verbinden uns mit einer Kraft, die wir uns selbst nicht geben können und die doch in uns ist. Sie haben etwas von göttlichem Glanz und seiner Gegenwart mitten im Leben.

Gott ist zärtlich, weil er sich berühren lässt. Von dem, was uns vor Freude in die Luft springen lässt, durch Mark und Bein geht oder uns auf den Magen schlägt. Gott geht mit und fühlt mit, leidet mit und verdoppelt die Freude. Jesus lässt sich berühren. Was unser Leben einschränkt oder zerstört, geht ihm zu Herzen oder an die Nieren. Das Armselige in uns bewegt ihn in seiner Körpermitte. Im Innersten lässt er sich betreffen. Dort hält er unsere Not aus und entfaltet Kräfte, die sie wandeln. Göttliche Kräfte. Er lässt sich berühren. Und er berührt. Dort, wo wir es brauchen. Wo es uns guttut und stärkt. Wo unser Leben wund ist.

Die Geschichten nehmen mich mit. Ich bin dabei, wenn das Fest steigt. Und Stimmung erfasst auch mich. Ich bin dabei, wenn jemand in seiner Not zu Jesus kommt. Und staune mit, welche Kräfte in schwierigen Situationen aktiviert werden. Ich höre Jesus reden und spüre den Trost auf einmal auch in meinem eigenen Herzen.

Die Geschichten nehmen mich mit, auch zu meinen eigenen Wunden. Die Atmosphäre um Jesus schafft Vertrauen und öffnet. Auf einmal merke ich, dass da noch etwas ist, das rumort, in mir drin. Was ich sonst oft nicht zulassen kann. Eine alte Verletzung, die sich meldet. Auch sie darf sein. Da sein. Berührt werden. Es kann sich was lösen.

Manchmal sind es einfach Geschichten. Ich bin dabei, schaue zu, stehe etwas abseits. Manchmal gerate ich ins Staunen. Oder mich berührt ein Wort oder eine Handlung. Ich spüre die heilenden Hände fast körperlich… Diese Erfahrungen prägen die Art, in der ich erzähle und neu formuliere. Tauchen Sie ein.

Wer etwas für bestimmte Lebenslagen, Tagesformen und Stimmungen sucht, findet am Ende ein Stichwortregister.

Viel Spaß beim Entdecken.

Erfurt, November 2021

Reiner Knieling

JESUS NEU BEGEGNEN
EIN BLICK IN DIE WERKSTATT

Für mich sind Jesusgeschichten schon immer etwas Besonderes gewesen. Ich kann stehen bleiben, staunen, mitgehen, Fragen stellen. Viele Geschichten sind mir vertraut, begleiten mich seit vielen Jahren und eröffnen immer wieder neue Perspektiven. Ich wüsste nicht, welche Geschichte fertig erzählt wäre. Und ich bin neugierig auf das, was sich noch zeigen wird.

Jesus erschafft besondere Orte in meiner Welt. Mehrdimensionale Orte. Himmel und Erde verbinden sich und manchmal mischen sie sich. Alltägliches Leben bekommt himmlischen Glanz. Göttliche Gegenwart ist jetzt und hier zu finden. In unserem Leben. In meinem Leben.

Jesus erschafft Himmelsorte in unserer Welt, Kraftorte, Quellorte, Orte zum Durchatmen. Durch sein Handeln, durch seine Worte. Die Jesusgeschichten lenken meinen Blick auf die Art, wie Gott gegenwärtig ist in der Welt. Hier und heute. Jetzt, in diesem Moment.

Die erzählten Geschichten und meine Geschichte verbinden und durchdringen sich. Auf einmal bin ich dabei, wenn Jesus redet, und höre ihm aufmerksam zu. Seine Worte sickern höchst real auch in mein Leben, schenken mir Orientierung, korrigieren und beleben mich. Ich bin dabei, wenn Jesus den aufrichtet, der am Boden liegt, und spüre es in meinem Körper. Oder ich bin gerade mit tausend Dingen beschäftigt und wie aus heiterem Himmel fällt mir ein Jesuswort ein. Es unterbricht mich in meiner Fokussierung auf all das, was noch zu tun ist, und lässt mich für einem Moment durchatmen. Es ist wie eine Insel, ein kleiner Kraftort, der sich auswirkt auf das, was ich anschließend tue und sage.

Die Geschichten verweben sich, die Jesus-Geschichte und meine. So entstehen besondere Orte in meinem Leben.

Immer wieder erlebe ich, wie Geschichten aus der Bibel mit großem Abstand gelesen werden. Als ob wir selbst außen vor wären. Als ob die 2.000 Jahre dazwischen den Zugang verstellen. Als ob es Jesus nur damals gegeben hätte. Als ob er heute keine

Himmelsorte mehr schaffen würde. Als ob er nicht auch uns zeigen würde, wie Gott gegenwärtig ist. Wie wir ihn suchen und finden können. Wie er erscheint und sich vorstellt. Und wo wir vielleicht auch vergeblich suchen. Kurz: Mir ist oft zu viel „damals" drin, wenn es um Jesus geht. Und zu wenig „heute".

Aus diesen Erfahrungen heraus ist dieses Buch entstanden. In meinen Neuformulierungen schwingt immer mit, wie die Jesus-Geschichten und seine Worte heute Kraftorte erschaffen. Aus denen neues Leben in meine Routine fließt. Oder in meine Langeweile. Oder in mein Hamsterrad. Ich könnte auch sagen: Ich spüre dem nach, wie Jesus in mein Leben hineinspricht, hier und jetzt. Wie er selbst gegenwärtig ist. Wie seine Worte neue Räume in mir und für mich entfalten. In meinem Herzen. In meiner Seele. In meinem Fühlen. Um mich herum. Wie er freilegt, was oft vergraben ist. Ich richte meine Sinne darauf, was Jesus in mir stark macht und zur Entfaltung bringt. Das aktiviert die heilsamen Potenziale. All das, was Gott in uns hineingelegt hat. Als Lebensquelle, aus der wir ja alle kommen. Und aus der wir Tag für Tag leben. Ich richte meine Sinne darauf, wie ich berührt werde durch göttliche Gegenwart. Und spüre, wie eine Wunde, die lange geschmerzt hat, auf einmal nicht mehr so wehtut. Wie ich loslassen kann, was mein Herz fast bitter gemacht hätte. Wie die Freude mich wiederfindet. Und nicht nur auf meine Lippen ein Lächeln zaubert, sondern auch in mein Herz. Wie zärtliche Liebe mich innen erreicht. Wie Dank mich durchströmt und eine Adresse bekommt.

Ich erzähle aus der gegenwärtigen Erfahrung heraus, verbinde sie mit dem Erleben damals und umgekehrt. Manche Geschichten und Worte sind näher am Original, andere haben sich weiter davon entfernt. So ist das, wenn Worte und Geschichten ihre Kraft entfalten und sich verweben mit eigenem Erleben. So ist das, wenn Gottes Gegenwart nicht Vergangenheit ist, sondern sich heute ereignet und in unsere Gegenwart mischt. *Ich bin da*, so stellt sich Gott schon am Anfang der Bibel vor. *Ich bin da*, so ist er in Jesus verkörpert. *Ich bin da*, so ist Gott heute präsent.

Tauchen Sie ein, schauen Sie sich um, bleiben Sie neugierig. Lassen Sie sich überraschen. Und ansprechen. Berühren, wo es geschieht. Auch wenn es mal wehtut, bevor etwas heilt oder einfach zur Ruhe kommt. Machen Sie Ihre Erfahrungen an den Orten, die Jesusworte und Jesusgeschichten kreieren. Lassen Sie sich beschenken von ihrer besonderen Qualität und von der Verbindung von Himmel und Erde.

DREI ANREGUNGEN

(1) Kraftorte entdecken

Manche Geschichten nehmen uns einfach mit. An Orte, die da gerade entstehen. Kraftorte für Menschen, die im Moment selbst nicht auf ihre Beine kommen. Quellorte für Menschen, deren Leben immer mehr austrocknet. Auszeiten für die, die den Sprung aus dem Hamsterrad allein nicht schaffen. Orte der Stille, die ihre Kraft verschenken und denen Stärke geben, die vorbeikommen. Himmelsorte, die sich nicht aufdrängen, die man suchen muss, manchmal, und die doch da sind. Gar nicht so wenige. Und gar nicht so selten.

Die Geschichten in diesem Buch sind eine Einladung, einfach mal mitzugehen. Sich selbst umzuschauen. Sich eine Meinung zu bilden. Schauen, was passiert. Was Menschen erleben. ... Und was ich erlebe, wenn ich mitgehe. Spüren, wie ich selbst dabei bin. Wo ich berührt werde. In meinen Gefühlen. Im Herzen und in der Seele. Erleben, wie Kraftorte entstehen.

(2) Beschenkt werden

Die Geschichten beschenken uns. Mit Worten, die sich verwurzeln. Mit Bildern, die sich einprägen. Mit Momenten, die uns berühren. Manches ist so stark, dass wir es so schnell nicht vergessen. Manches ist eher leise, zaghaft, wie ein vorsichtiges Anklopfen.

Achten Sie auf das, was sich schenkt. Nicht mit Ehrgeiz oder gar mir Verkrampfung, vielmehr mit offenen Augen und Händen, mit Lust und mit Aufmerksamkeit: Was schenkt sich hinein in Ihr Erleben, Ihre Sehnsucht, Ihr Glück. Heute und morgen und übermorgen? Wie geht es mit und entfaltet seine Kraft? Bleiben Sie neugierig.

(3) Eigene Worte entstehen lassen

Halten Sie fest, was Sie entdecken. Schreiben Sie einfach los. Manche haben dafür ein Tagebuch oder ein besonderes Heft. Zwischen den Geschichten und Worten in diesem Buch finden Sie kleine Freiflächen und Impulse.

„So bin ich gerade", zum Beispiel, lädt ein, einen Moment innezuhalten und zu schauen, was ich wahrnehme in mir, wie ich da bin und wie vielleicht ein Gebet daraus werden kann. Wichtig ist, nicht zu viel *machen* zu wollen. Es geht nicht um Leistung. Sondern darum, sich beschenken zu lassen. Das wahrzunehmen, was heute ist. Morgen kann es schon anders sein. Und übermorgen wieder anders.

„Göttliches Licht in meinem Leben" ist ein Impuls, der meine Aufmerksamkeit auf das lenkt, was mir geschenkt wird und guttut. Was mein Leben hell macht.

Der Satz „Das brauche ich, um Vertrauen zu können" lockt mich in mein Gespür: Was ist für mich die Grundlage, auf der Vertrauen neu wachsen kann? Was beruhigt meine Angst, dass ich wieder enttäuscht werden könnte? …

Nehmen Sie die Anregungen, die Sie ansprechen. Lassen Sie andere Impulse einfach liegen. Folgen Sie *Ihrer* Spur. Und den Worten, die daraus entstehen.

Göttliche Kraft – auch für mich?

Göttliche Kraft
unmittelbar
auch für mich

Damit hatte ich
nichts zu tun
bis hierher

Auf einmal
berührt mich
was ich nicht kenne

Aus heiterem Himmel
plötzlich
eine besondere Qualität

Ich kann
gar nichts machen
nichts

nur meine Hände
hinhalten
und empfangen

Mich berühren lassen
von dem
was ich nicht kannte

Und was sich
doch so vertraut
anfühlt

als ob ich
schon länger
genau daraus schöpfe

Gebet des Josef – inspiriert durch Matthäus 1,18-25

umgibt uns hier draußen

STILLE

Sternenglanz

Stille umgibt uns
hier draußen
Wir sitzen

und staunen
All diese Sterne
mit ihrem Licht

Ehrfurcht spüren
verbunden sein
dem Kosmos lauschen

Der Glanz ist besonders
heut' Nacht
so hell und so neu

Was spiegelt sich nur
in diesem Himmel?
Worauf deutet das Licht?

Wir machen uns auf
und suchen und finden und
suchen

Finden Himmlisches dort
wo irdischer Glanz
gänzlich fehlt

Wo das Leben arm ist und
angewiesen
auf Wärme und Nähe

Wo das Geheimnis des Lebens
uns nahe kommt und berührt
dort knien wir nieder

Geben das
was wir haben
und empfangen viel mehr

Gebet der Weisen aus dem Orient – inspiriert durch Matthäus 2,1-12

„Wir haben seinen Stern aufgehen sehen."
Matthäus 2,2

Göttliches auch für mich? – Zarte Anfänge in mir:

Träume am Abgrund

Mischen sich Albtraum
und Wirklichkeit
mitten in mir?

Mein Leben ist karg
und hart
Wüste breitet sich aus

Hungrig bin ich
und ausgelaugt
Anfällig für Stimmen

Wenn Gott für dich sorgt
nimm diese Steine
als Brot

Wie zynisch das ist
Ich widerstehe dem Hunger
der teuflischen Stimme

Mehr
als mein Magen
braucht meine Seele ihr Brot

Wach bin ich
mit allen Sinnen
ganz da

Auch jetzt
auf der Mauer
der heiligen Stadt

Stürz dich hinab, höre ich
Dir wird nichts passieren
Engel werden dich halten

Irgendwas
stimmt
hier doch nicht

Du sollst
Gott nicht reizen
sag ich

Auf einem Gipfel hoch oben
sehe ich weit
in Länder und ihre Kulturen

Das alles kannst du bekommen
sagt eine Stimme
bete mich an

Ich seh immer klarer
spreche entschieden
Verschwinde, teuflische Macht!

Ich verehre den Gott
der niemanden
missbraucht

Der durch und durch Liebe ist
Brot für Seele und Herz
Göttliche Kraft für das Gute

Jetzt bin ich am Ende
die letzte Energie
ist verbraucht

So bin ich getragen
aufgehoben irgendwie
und gestärkt

nach Matthäus 4,1-11

In Gott zu Hause

In Gott zu Hause sind
die sich gottarm fühlen
Sie sind himmlisch reich

In Gott zu Hause sind
die durch den Schmerz hindurchgehen
Ihr Herz wird getröstet werden

In Gott zu Hause sind
die Gewalt verweigern
Ihnen wird die Erde gehören

In Gott zu Hause sind
die sich so sehr nach Gerechtigkeit sehnen
Sie werden von Gott genährt

In Gott zu Hause sind
die sich von Not berühren lassen
Sie werden beschenkt werden

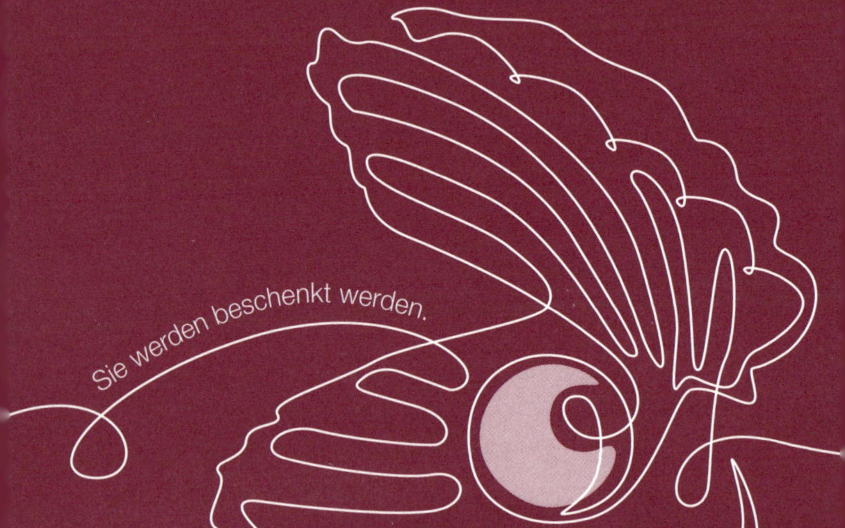
Sie werden beschenkt werden.

In Gott zu Hause sind
die ihrer Sehnsucht folgen
Sie werden Gott erkennen

In Gott zu Hause sind
die Frieden säen
Gotteskinder sind sie

In Gott zu Hause sind
die wegen der Gerechtigkeit leiden
In ihnen wächst Gotteskraft

In Gott zu Hause sind
die ihre Angst spüren
Sie werden Freiheit erleben

In Gott zu Hause sind
die Unsicherheit aushalten
Sie werden Gewissheit finden

In Gott zu Hause sind
die ihre Wut produktiv werden lassen
Heilsames kommt ihnen entgegen

In Gott zu Hause sind
die Konflikte klären
Das Leben wird sie belohnen

In Gott zu Hause sind
die ihren Neid wahrnehmen
Ihr Potenzial wird sich entfalten

In Gott zu Hause sind
die die Dinge beim Namen nennen
Sie werden von Gott geehrt

Jesus nach Matthäus 5,3-10 – und weitere Worte, inspiriert durch die „Seligpreisungen“

So bin ich gerade …

… zu Hause in Gott

Ihr seid Salz

Salz ist kostbar
und intensiv
macht haltbar
und würzt

Wer aus göttlichen Quellen lebt
mit dem Ursprung verbunden ist
und dem Leben traut
ist Salz für die Welt

Ihr seid Salz

Ihr bringt Leben dorthin
wo es erstarrt ist
Verbreitet Sinn
wo er nicht mehr gefunden wird

Ihr lebt eure Berufung
zeigt, was euch erfüllt
und wie Leben
auch aussehen kann

Wundert euch nicht
wenn Menschen nicht
zu viel auf einmal
wollen von euch

Wundert euch nicht
wenn Menschen euch
für ihr Eigenes
nutzen

Bleibt verbunden
mit den Quellen
dem Leben
Gott selbst

Kraftloses Salz
hilft niemandem
Es wird einfach
entsorgt

Jesus nach Matthäus 5,13

Licht ist in euch und um euch

Licht ist in euch
und um euch
auch wenn ihr selbst
es manchmal nicht seht

Euer Licht
macht die Welt hell
bringt andere zum Leuchten
verbindet und wärmt

Es gibt Orientierung
erleuchtet das Dunkle
macht sichtbar
was nicht ans Licht kommen will

Wo immer es strahlt
erfüllt es den Raum
Wie eine Stadt auf dem Berg
sie wird einfach geseh'n

Lasst das Licht leuchten
Versteckt es nicht
und haltet es
nicht unter Verschluss

Lasst leuchten, was immer ihr tut
Andere werden es sehen
neugierig werden
himmlische Quellen entdecken

Licht
entfacht Feuer
entzündet Herzen
und erleuchtet den Weg

Jesus nach Matthäus 5,14-16

LICHt

Liebt das Leben

Macht das Böse
nicht schlimmer
Zahlt nicht mit gleicher Münze zurück

Liebt das Leben
Widersteht allem
was es zerstört

Nehmt die Wut in euch wahr
auf Feinde des Lebens
auf Menschen
die unterdrücken
andere missbrauchen
und ausbeuten für sich

Lasst eure Wut
da sein
vor Gott

Nutzt sie
als Kraft für das Gute
und für den Protest

Liebt das Leben
auch in euren Feinden
Widersteht ihren Taten
Lasst das Böse nicht zu
Bleibt verbunden
mit Gott, mit dem Leben
in dem, was ihr tut

Jesus nach Matthäus 5,43-45

Vater, Mutter, unser

Vater, Mutter, unser
Gegenwart und himmlische Energie
in uns und um uns
Lebenslicht, das den Kosmos durchdringt
dich verehren wir

Erfülle die Welt mit Heilkraft
Lass Liebe in die Herzen sickern
Mach den Frieden stark

Sättige uns
mit Brot und Sinn
morgen und heute

Nimm, was uns bedrückt
und dem Bösen seine Macht
Verletzungen lass heilen
auch in uns

Du wandelst die
Welt in deine Welt
mitten unter uns
und in uns

Dir singen wir Lieder
Immer neue Melodien
verbinden uns
mit dem himmlischen Lob

Jesus nach Matthäus 6,9-13

Mein Gebet:

Anregung für Ihr Tagebuch, Notizheft oder einfach ein leeres Blatt Papier: Wählen Sie seinen Abschnitt aus „Vater, Mutter, unser". Schreiben Sie ihn mehrfach nacheinander auf. Öffnen Sie sich dafür, dass eigene Worte entstehen. Schreiben Sie hin, was Ihnen in den Stift fließt. Einfach so, ohne groß nachzudenken, ohne besonders „schön" formulieren zu wollen. Wenn Sie mögen: Schreiben Sie acht Minuten durch, ohne Pause und ohne den Stift abzulegen. Und wenn Ihnen nichts mehr einfällt, dann schreiben Sie „Mir fällt nichts mehr ein", bis wieder etwas anderes kommt. Wie beim kreativen Schreiben, das manche kennen.

… sonst hängt sich's ans Geld

Ihr kauft und sammelt
und häuft einen Wert auf den anderen
Aktien, Wohnungen, Häuser

Alles wichtig
alles vorläufig
und am Ende vergänglich

Was wollt ihr in eurem Leben?
Was darf euch bestimmen?

Schaut auf das, was euch Kraft gibt
Was eure Seelen nährt
und eure Herzen erfüllt

Verbindet euch mit Werten
die kein Kapitalmarkt vernichtet
und kein Rost zerfrisst

Verbindet euch
mit Kraftquellen der anderen Art
Vertrauen, Hoffnung, Aufbruch

Sucht bleibende Quellen und
himmlische Kräfte
Daran hängt euer Herz

Macht euch nichts vor
Ihr könnt euch nicht teilen
Euer Herz
muss sich entscheiden

Hängt es an Gott
sonst hängt sich's ans Geld

Jesus nach Matthäus 6,19-21.24

Woran mein Herz hängt

Sorgt euch nicht

Sorgt euch nicht um Essen
und Trinken
und Kleidung

Schaut die Vögel an
wie sie fliegen und picken
ohne Säen und Ernten

Das Leben ist euch
geschenkt
Wer kann es verlängern?

Schaut die Blumen an
Schöner als teuerste Stoffe
auf den Laufstegen der Welt

Wenn das Leben so wunderbar trägt
Warum sorgt ihr euch dann?
Habt ihr die Verbindung verloren?

Lasst euch
nicht aussaugen
von euren Sorgen

Gott weiß doch
was nötig ist
und was ihr braucht

Nach ihm streckt euch aus
mit all euren Sinnen
mit all eurer Kraft

Verbindet euch
mit ihm und dem Leben
Alles andere wird daraus entstehen

Sorgt euch nicht

Jesus nach Matthäus 6,25-34

Sorgt euch nicht

Sucht und findet

Ich höre
Sucht – und ihr werdet finden

Vieles habe ich mir
gewünscht
damals als Kind

Als junger Mensch
was habe ich nicht
alles erträumt

Manches davon
ist geworden
Andere Träume
sind einfach geplatzt

Ich hatte sie
längst vergessen
diese Stimme

Auf einmal mischt sie sich
wieder ein in mein Leben:
Sucht – und ihr werdet finden

Mich fordert der Satz
neu heraus
Ich spüre
mein Suchen
weiß aber nicht
wohin es sich richtet

Was habe ich
noch nicht gefunden?
Wie find ich heraus
was es ist?
Und wo fange ich an?

Wüsste ich, wenn ich es fände?
Kann ich es riechen und schmecken?
Berührt es meine Haut oder mein Herz?

Vielleicht muss ich
mich verbinden
Mit anderen suchen
die auch noch nicht
alles gefunden haben
in ihrem Leben

Die mit Suchen vertraut sind
und vielleicht auch mit Finden
Die nicht so leicht aufgegeben
und nicht so schnell zufrieden sind

Gott
halte mein Suchen lebendig
und meine Sinne offen
für das, was sich noch schenken könnte
und von dem ich im Moment
noch nichts weiß

Zwiegespräch – inspiriert durch Matthäus 7,7

Jeder jagt ... wonach eigentlich?

Alles geht durcheinander
Verbindungen lösen sich auf
Jeder jagt
Wonach eigentlich?

Keiner kann sagen
warum wir das tun
Wir jagen und laufen
ohne neue Ideen

Was wäre
wenn wir einfach mal anhalten?
Würden wir finden
wonach wir suchen?

Gott
du bist doch da
Hältst Ausschau
nach uns hier und jetzt

Lässt dich berühren
von dem, was uns umtreibt
Tauchst ein
in alles, was uns bewegt

Gott, vermehre die Menschen
die aufmerksam sind
für dich
in der Welt

Die sich finden lassen
und ausrichten
ihre Erfahrungen teilen
und hinweisen auf deine Präsenz

Inspiriert durch Matthäus 9,36-38

„Denn sie waren zerstreut wie die Schafe,
die keinen Hirten haben."
Matthäus 9,36

WAS WÄRE WENN WIR EINFACH MAL ANHALTEN?

WÜRDEN WIR FINDEN WONACH WIR SUCHEN?

Einladung

Seine kraftvoll ruhige Stimme
lädt uns ein
flüstert uns zu:

Öffnet euch
Öffnet euch, alle
die etwas bedrückt

Wenn eure Tage mühsam werden
und schwer
Ich bin da

Seid auch ihr da
mit allem
was euch beschwert

Seid einfach da
im göttlichen Raum
in dem alles sein darf, was ist

Ihr seid willkommen

Ladet ab
und schweigt
oder sprecht euch aus

Ich höre
auch stumme Schreie
und Zwischentöne

Hier seid ihr richtig
Hier könnt ihr sein
Hier habt ihr Zeit

Lasst neue Kraft wachsen
für alles
was kommt

Ich bin da

Jesus nach Matthäus 11,28-30

Er muss wissen, ob er vertrauen kann in dieser aufgewühlten Nacht

Viele Menschen hat er geheilt und getröstet
Seelen und Körper gesättigt
viel Energie verloren dabei

Jetzt muss er allein sein
Jesus
steigt auf den Berg

Zu sich kommen und zu Gott
Stille finden
beten und Kraft tanken

Seine Anhänger sind
schon unterwegs auf dem See
Aber weit kommen sie nicht

Sturm bricht los
Wellen peitschen
Kein Horizont weit und breit

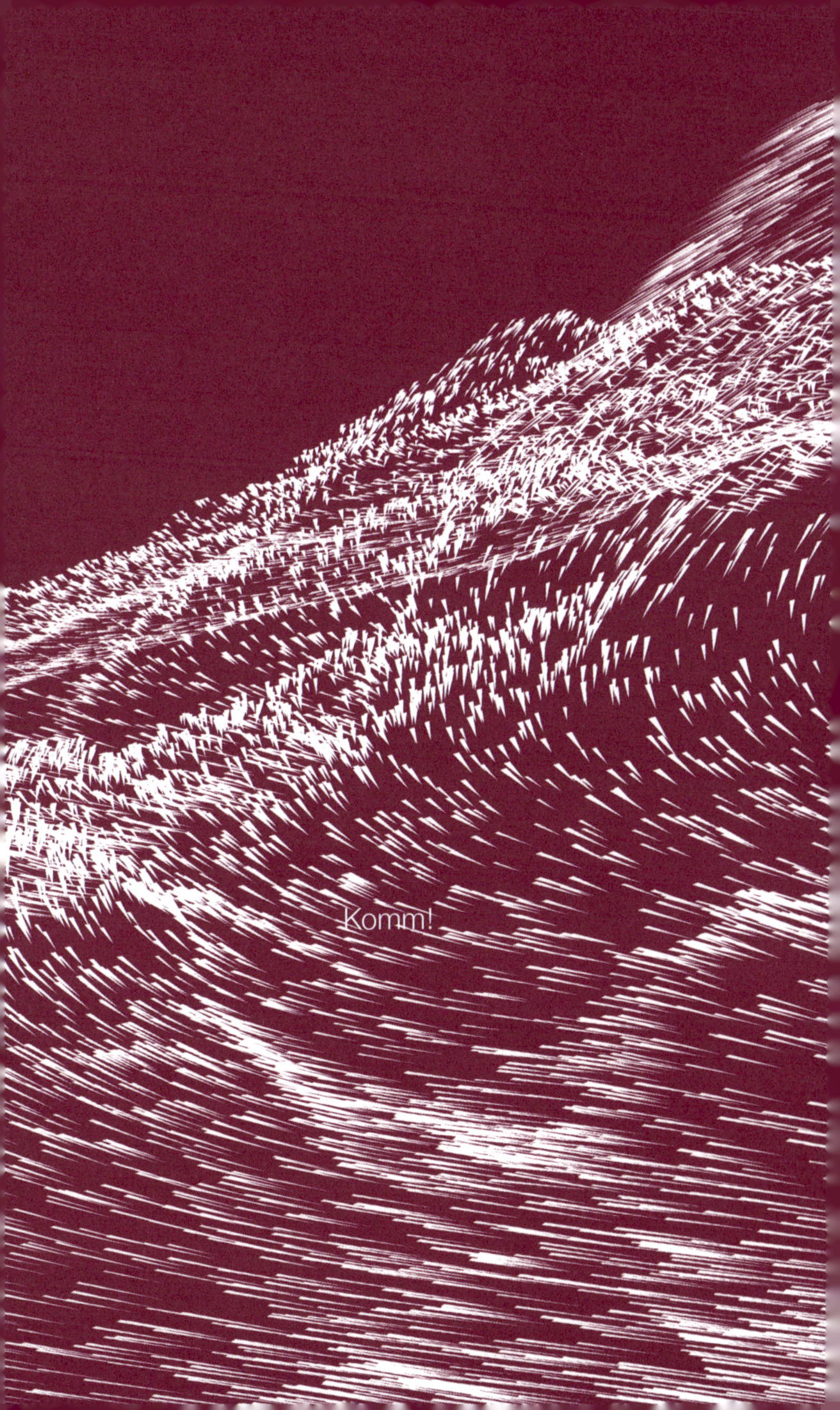
Komm!

Die ganze Energie dieser Nacht
bäumt sich auf gegen sie
und raubt ihnen die Kraft

Fast bis zum Morgen kämpfen sie
gegen Wellen und Sturm
und gegen die Angst

Dann – plötzlich
ein unheimliches Licht
Nerven liegen blank

Panik fällt über sie
Sie schreien vor Angst
Kaum können sie's hören:

Ich bin es
Ihr braucht keine Angst zu haben
Haben sie richtig gehört?

Petrus muss wissen
was das ist
wer das ist

Er muss wissen
und ob er vertrauen kann
in dieser aufgewühlten Nacht

Jesus, wenn du es bist
dann ruf mich zu dir
hört er sich sagen

Komm
schallt es zurück

Petrus steigt aus dem Boot
Nur von der Verbindung
und dem Ruf getragen
geht er über das Wasser

Bis Wind und Wellen
ihm den Boden entziehen
und das nachtschwarze Wasser
sein Maul aufreißt

Hilfe, rette mich
Jesus ergreift ihn am Arm

Warum hast du nicht mehr vertraut?

Sie steigen ins Boot
Der Sturm verliert seinen Schrecken
die Wellen legen sich

Jetzt finden auch andere ihre Sprache wieder
und erste Worte für das
was gar nicht in Worte passt:

Gott ist
in dieser Nacht
und in unserer Angst
Über dem Abgrund
sind wir Gott selbst begegnet

Matthäus 14,22-33

Das brauche ich, um vertrauen zu können:

… mehr als die Summe aller Teile

Allein Gott suchen
allein Gott finden
geht vielleicht
Ich kann es oft nicht

Ich brauche die andern
die mit dieser Art Wirklichkeit rechnen
mit göttlicher Kraft
Ganz diesseitig und doch
jeder Vermessung entzogen

Als ob im Miteinander
mehr Raum ist
als in meinem Herzen nur
für Überraschung
von oben

Ich erlebe
wie sich Größeres
göttliche Kraft einmischt
Trost schenkt und Wärme

Liebe fließt
Mut wächst
Versöhnung geschieht

Göttliche Kraft strömt
in die Zwischenräume und in die Herzen
belebt Hoffnung und Zuversicht
scheucht Angst aus den Blicken

Göttliche Kraft
schafft Durchblick und Wohlwollen
Zaubert ein Lächeln herbei
und entspannt das Gesicht

Das erlebe ich
wo sich Menschen
ausrichten
auf diese göttliche Dimension

Matthäus 18,20

„Jesus spricht: Wo zwei oder drei versammelt sind in meinem Namen, da bin ich mitten unter ihnen.“
Matthäus 18,20

Das bin ich

Die Mahlzeit verbindet. Wenn auch sonst vieles trennt. So unterschiedlich sind sie. Sie können streiten, wer der Größte von ihnen ist. Und wer die meiste Bedeutung hat. Sie können den so gründlich missverstehen, dem sie folgen, der sie eingeladen hat und der gleich das Brot bricht.

Sie sind schon länger mit ihm unterwegs. Aber nicht alle haben alles erlebt. In manchen Momenten waren nur wenige dabei. Auf dem Berg zum Beispiel, als das Gotteslicht erschien.

Manche preschen voran, andere sind eher still. Manche voller Vertrauen. Andere vertraut mit Zweifeln und Verzweiflung. Auch der ist dabei, der den Verrat begehen wird an ihm und an der Gemeinschaft. Auch er isst vom Brot.

Jesus bricht das Brot und sagt:

Nehmt und esst
Das bin ich
Mein Leib
Alles, was mich ausmacht
Wie ich da bin
und euch verbinde

Was das alles bedeutet? Gut, dass sie erst einmal essen können. Vielleicht ist das sogar die bessere Art zu verstehen. Dann folgen Wein und der Dank. Jesus sagt:

Trinkt alle daraus
Ein Kelch voller Leben
für euch verströmt
Göttliche Liebe
Stärker als alles Böse

Matthäus 26,26-28

„Mein Gott, warum …?!“

Gequält und geschlagen
erreicht er das Ziel
Von dem
was er einmal versprüht hat
ist nichts mehr zu sehen

An Balken wird er geschlagen
Alltagsgeschäft
bald jede Woche
Die Hammerschläge geh'n unter
im Getriebe der Stadt

Zwei andere
hängen auch da
Er wird bewacht
als ob er
weglaufen könnte

Den Grund kann man lesen
Jesus
König der Juden

Sichtbar hat er sich eingesetzt
für alle in Not
hat sich nicht einschüchtern lassen
Jetzt wird er zum Opfer gemacht
So funktioniert diese Welt

Für die Leute ist klar
Wer dort hängt
hat's verdient

Sie lassen dem Spott
freien Lauf
Sonst große Klappe
Steig runter vom Kreuz
dann du bist der Held

Auch Funktionäre und Priester stimmen mit ein
Andern hat er geholfen
keiner hilft ihm – – –
Der König hängt fest
kommt nicht runter vom Kreuz

Verachtung trieft aus den Fratzen
Was hier passiert
schwärzt den Tag

Letzte Worte, ohne Kraft
Mein Gott – – –
mein Gott – – –
warum – – –
hast du mich hängen lassen?!

Er schreit auf
bevor der Tod
nach ihm greift
und der Vorhang
im Tempel zerreißt

Der heilige Raum
ist nicht mehr geschützt
Die Welt zittert
und bebt
Gräber öffnen sich

Den Soldaten geht das durch und durch
Es ist wie aus einer anderen Welt
Ihr Erschrecken sitzt tief
Der ist von Gott
sagen sie

Matthäus 27,31-54

Der ist
von Gott

Aufgewühlt

Hammerschläge … zum Opfer gemacht … Spott, Verachtung und fiese Fratzen … Was sehe *ich* in der Welt? Was wird dabei aufgewühlt in mir drin? Wie spüre ich das? Und wo treibt mich das hin?

Teilt eure Verbundenheit

Die Elf versammeln sich noch einmal. Jeder hat anders versagt und alle haben sich aus dem Staub gemacht. Jetzt sind sie wieder zusammen. Weit weg von der Hauptstadt und den Mächtigen. Auf dem Berg gemeinsamer Erinnerungen an Jesus. Seinen Ruf haben sie gehört.

Plötzlich ist auch er da. Die Elf erschrecken, fallen nieder, zweifeln und beten an. Alles durcheinander. So sieht es auch in ihnen aus. Jesus weiß, was er möchte, und sagt:

Gotteskraft ist in mir
Himmel und Erde durchdringt sie
entfaltet das Universum
und schafft neues Leben in jedem Moment

Auferstehungskraft
Göttliches Leben
gegen den Tod
damit seid ihr verbunden

Diese Verbindung tragt überallhin
in alle Richtungen
zu allen Menschen
und ihren Kulturen

Teilt eure Verbundenheit
Gebt Menschen die Möglichkeit
eure und meine Gefährten zu werden
Schließt niemanden aus

Teilt Lebenswasser
das Seelendurst stillt
mit dem ihr getauft seid
Schließt niemanden aus

Lasst alle teilhaben an
Gottes Präsenz
und geistlicher Kraft
Bleibt neugierig auf göttlichen Geist

Teilt Lebensworte
die euch selbst bewegen
die trösten und Mut machen
Schließt niemanden aus

In euch bin ich
und um euch
Leben gegen den Tod
Bis das Universum zum Ziel kommt

Matthäus 28,16-20

Die neue Welt
fängt mitten
in der alten an

Die neue Welt fängt mitten in der alten an

Die neue Welt fängt mitten in der alten an
Wir warten nicht, bis sich die Zeiten ändern
bis Besseres am Horizont erscheint
Wir warten nicht
bis all die andern es verstehen
bis sie davon ergriffen sind

Die neue Welt fängt heute an
Rund um den Globus
Überall, wo Herzen sich erneuern
Wo Menschen finden, was sie suchen
und was sie trägt
Wo Berufungen
zu ihren Menschen finden
Und Sinn nicht mehr zertreten wird

Wo Gott zu suchen die Basis wird
um zu sich selbst zu kommen
um Menschen und Natur
mit andern Augen anzuschaun

Verbunden, staunend, dankbar
Aufgehoben

Die neue Welt fängt heute an
wo nicht die Reichen und die Satten
sich von sich selbst lösen
und von anderen

Ein neues WIR entsteht
bei denen
die verbunden sind

Inspiriert durch die „Reich-Gottes-Texte“ im Markus-Evangelium

Die Gotteskraft ist gegenwärtig geworden

Jesus tritt auf:

Die Zeit ist reif
Seid achtsam
Wartet nicht länger

Gottes Kraft ist längst gegenwärtig
Öffnet Herzen und Hände
Achtet auf Anfänge

Riskiert, berührt zu werden
Wagt Vertrauen und
lasst euch beschenken

Jesus nach Markus 1,14-15

Stille

Noch ist es Nacht
Der schmale Streifen am Horizont
gibt etwas Licht

Ich geh
aus dem Dunkel
Lasse zurück
Was mich eben noch umtrieb

Verankere mich dort
wo das Leben entspringt
Suche die Stille
draußen
allein

Atme Morgenluft ein
bin einfach da
Öffne Gedanken
Sinne
und meine Hände

Bin bereit zu empfangen
zu hören
Die Stille hat Zeit
mich zu stärken
für diesen Tag

Markus 1,35

„Am Morgen, noch vor Tage, stand er auf und ging hinaus. Und er ging an eine einsame Stätte und betete dort."
Markus 1,35

Meine Stille-Oasen:

Lange nicht mehr berührt

Matt und stumpf sind sie geworden
lange nicht mehr berührt
meine Haut und die Seele

Begegnung ist
immer nur mit
Abstand möglich

Weil meine Haut
ausschlägt und
Menschen zurückstößt

Ihre Angst aktiviert
befallen zu werden
und ausgegrenzt, so wie ich

Isoliert
allein mit meinen Schmerzen
gefangen in meiner Haut

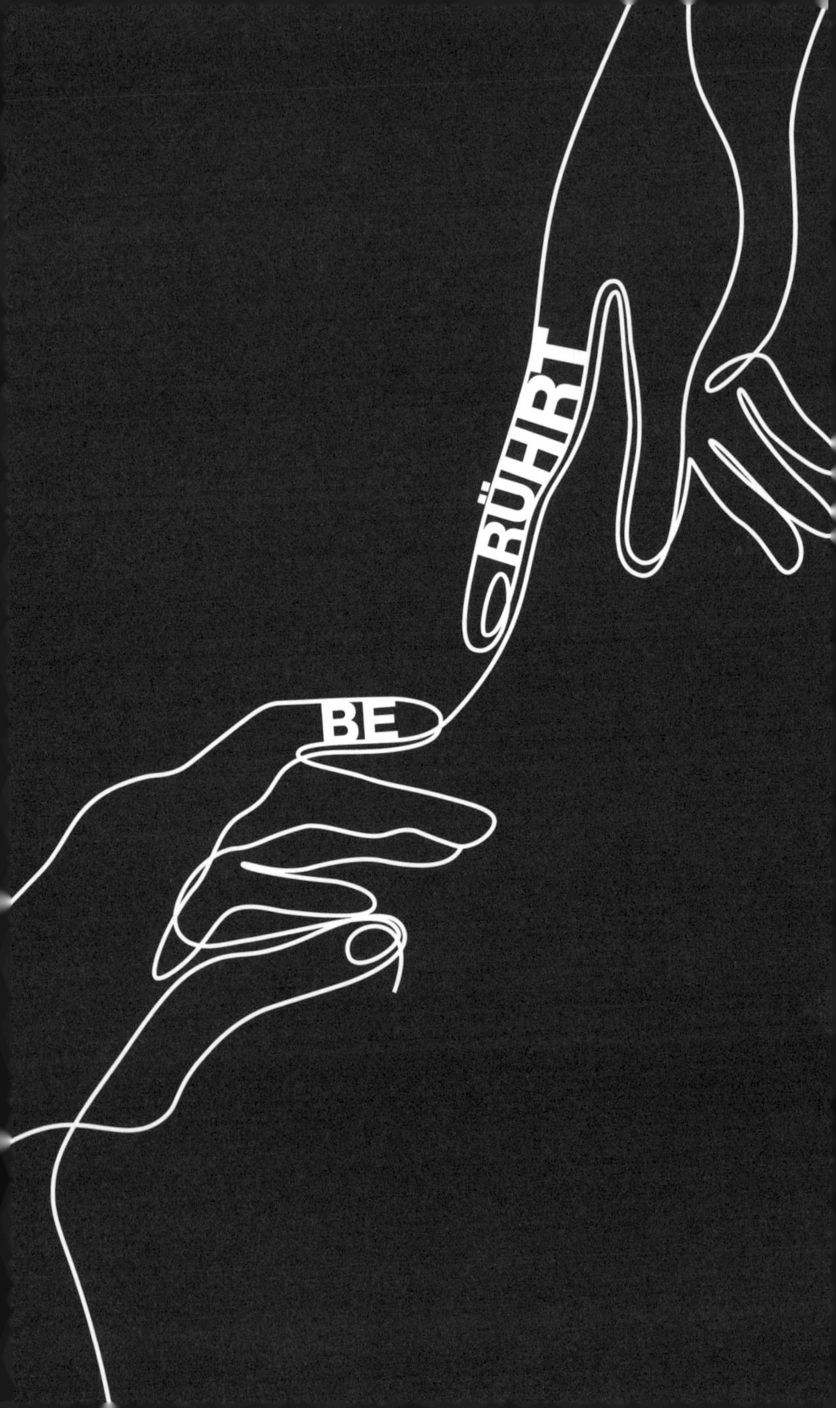
BE
RÜHRT

Manchmal überfällt mich die Sehnsucht
Ich stelle mir vor
jemand berührt mich

Einfach so
gegen die Regel
und ganz ohne Angst

Auf einmal spüre ich Wärme
ganz real
ich werde berührt

Das ist doch nicht möglich
Das kann ich nicht glauben
Wer traut sich denn sowas

Das letzte Hautspüren
liegt lange zurück
sehr lange

In mir purzeln Gefühle
wild durcheinander

Haut an Haut

Ich bin unsicher
Was ist okay?
Wie fühlt sich das an?

Auf diese Weise
mich spüren
war mir all die Jahre verwehrt

Da ist einer
der mich berührt
so wie ich bin

Danke
Jesus

Du lässt dich nicht schrecken
von dem
was ausschlägt in mir

Du berührst meine Wunden
Meine Haut
wird heil

Sie stößt nicht mehr ab
Ich kann
mich wieder verbinden

Dazugehören
Ich sein und du
Teil eines Wir

Markus 1,40-45

Auf die Beine kommen

So lange bin ich am Boden schon
komme aus eigener Kraft nicht auf die Beine
bin angewiesen auf andere
für fast jeden Schritt

Ich hab mich gewöhnt
irgendwie
nur manchmal denk ich
es könnt wieder werden

Dann träum ich
ich kann einfach hingehen
wo ich grad will
und in die Luft springen

Wenn mich die Wirklichkeit wieder hat
ist der Boden hart
und viele gehen einfach
über mich weg

Heute ist ein besonderer Tag
Meine Freunde kommen vorbei
nehmen mich mit
in eine andere Welt

Ein paar Schwierigkeiten sind noch zu meistern
Fantasie ist gefragt
Ein Weg noch zu finden
wo keiner ist

Meine Freunde
sind zäh
haben Ideen
geben nicht so schnell auf

Auf einmal
liege ich vor einem
dem sie vertrauen
Er spricht mich an

Freundlich die Stimme
bestimmt seine Worte:
Was dein Leben zerstört
das fließt von dir weg

Die ihre Nase
weit oben tragen
finden das
gar nicht gut

Das kann er
nicht einfach machen
Was bildet er sich
nur ein?

Zu ihnen sagt er:
Was denkt ihr in euren Herzen?
Wollt ihr ihm das Gute
nicht gönnen?

Und zu mir:
Steh auf
Was dich am Boden hält
hat seine Macht längst verloren

Ich kann es nicht glauben
bin so dran gewöhnt
meine Schritte
andern zu überlassen

Aber jetzt ist die Chance
einfach hingehen
wo ich grad will
Laufen – es geht!
In die Luft springen
gelingt

Das kann ja was werden

Markus 2,1-12

Manchmal

Manchmal
streift mich
ein himmlischer Funke
Ich spüre ihn kurz
doch bevor
mir bewusst wird
worum es hier geht
ist er schon wieder
verglüht

Manchmal
erreicht mich etwas
aus einer fremden Welt
schafft Begeisterung
für den Moment
Aber mehr
entsteht dabei nicht
Es kann nicht
gedeihen

Manchmal
fällt ein himmlisches Korn
direkt in mein Herz
Doch schnell greifen
andere Dinge
nach mir
Was wachsen könnte
wird überlagert

Manchmal
kommt himmlisches Saatgut
zur richtigen Zeit
fällt auf fruchtbaren Grund
Ich spüre das Neue
das Leben
ahne, was wachsen
und fruchtbar sein will
durch mich

Markus 4,3-9.13-20

Himmlisches Saatgut

**Was ist meine Sehnsucht?
Wo spüre ich sie im Körper?
Wie fühlt sie sich an?**

Augen von Gott berührt

Ihr braucht Augen
die berührt sind von Gott

Ihr braucht Blicke
die nicht um sich selbst kreisen

Ihr braucht Herzen
die nicht auf das Eigene fixiert sind

Und Mut
auch Dunkles und Schmerzliches zu erleiden

Wer Hab und Gut
und sich selbst sichern will
wird sich verlieren

Wer sich aber hingibt und sein Leben verströmt
der wird es gewinnen
und Gott darin finden

Was hilft es
dem Kapital hinterherzujagen
und dabei Herz und Seele zu verlieren?

Gibt es daraus ein Entkommen?

Bleibt an meinen Worten
Nährt eure Herzen und Seelen
Bleibt in Verbindung mit der göttlichen Quelle

Wer sich abkoppelt, ist abgekoppelt
Die Quelle drängt sich nicht auf
Göttliche Liebe wirbt

Darauf schaut
und bittet Gott
euch die Augen zu öffnen

Jesus nach Markus 8,34-37

Gipfelerfahrung

Es geht wieder bergauf
Das tut gut
und strengt an

Schöne Ausblicke sind dabei
überraschende Wendungen
auch staubige Strecken

Die Luft wird dünner
die Kraft ist begrenzt
der Weg zieht sich hin

Irgendwann
kommen wir an
setzen uns hin
atmen durch

Endlich Pause
Die Anstrengung
steckt in den Knochen

Nach und nach
kommt die Schönheit in meinen Blick
Wir haben den Gipfel tatsächlich erreicht

Die Konturen verschwimmen
Was geschieht hier gerade?
Bin ich schlicht unterzuckert?

Licht überall
außergewöhnlicher Glanz
überirdisches Weiß

Horizonte lösen sich auf
Epochen verbinden sich
Alles ist Gegenwart

Vollkommen rund ist dieser Moment
ganz ohne Störung
Himmlischer Gipfel

Bleiben möcht ich darin
nicht mehr weggehen
aufgehoben sein für mein Leben

So schnell
wie dies Einssein entstand
ist es wieder vorbei

Leuchtendes Weiß löst sich auf
meine Welt kehrt zurück
doch die Botschaft bleibt

Hier bin ich
ganz für euch da
Hört mir zu

Markus 9,2-8

Alles ist Gegenwart

Entdeckt die Kinder in euch

Sie bringen ihre Kinder zu Jesus
Er soll sie berühren
Gotteskraft fließen lassen
für das junge Leben
mit unsicherer Zukunft

Ein paar Erwachsene
stehen im Weg
wollen verhindern
dass Segen fließt
wo das Leben so unfertig wirkt
so kindlich wild und zart
so neu

Jesus widersteht
schützt den Raum
für alle
die solche Art Quellen suchen

Lasst die Kinder kommen
Sie haben so viel natürliche Nähe
zum Göttlichen

Weist sie nicht zurück
Weist das Göttliche nicht zurück
Haltet die Hände auf
wie Kinder

Wer Gottes Glanz
nicht kindlich empfängt
wird überhaupt nichts empfangen
und göttliches Wirken nicht spüren

Entdeckt die Kinder in euch
den kleinen Jungen
das kleine Mädchen
Weinen und Lachen und Spielen
Ausgelassen sein und Geborgenheit suchen
Darin schenkt sich Gott

Jesus drückt die Kinder ans Herz
eins nach dem andern
legt seine Hände auf sie
und den Segen

Der geht mit ihnen
dorthin, wo sie herkommen
und wird sich entfalten
in ihrem Leben

Markus 10,13-16

Das Kind in mir, die kleine ___________/ der kleine ___________ [den eigenen Namen einsetzen] möchte so gern …

Das kannst du nicht wollen

So habe ich Jesus
noch gar nicht gesehen

Zittern ergreift ihn
schüttelt ihn durch
Was kommt
ist bedrohlich

Sein Mut
ist verflogen
Entschiedenheit
kaum mehr zu spüren

Ich höre ihn sagen:
Alles ist dunkel
Angst greift nach mir
Ich hab keine Kraft
Bleibt hier
und passt auf mich auf

Er geht ein paar Schritte
wirft sich zu Boden
fleht, dass es nicht wahr werde:
Mein Gott
Nimm diesen Schmerz doch von mir
Das kannst du nicht wollen
Lass das Leben siegen
Nicht, was ich will

Das höre ich noch
dann fliehe ich in den Schlaf

Es geht mir zu nahe
ich halt das nicht aus
Diese Schmerzen
die Zweifel und Ängste
wühlen viel zu viel auf
Schlafen, bis es vorbei ist
das wäre schön

Dann schrecke ich hoch
Kannst du nicht einmal wach bleiben
wenn's darauf ankommt?

Markus 14,32-38

Sucht Jesus im Leben

Drei Frauen sind unterwegs
Abschied nehmen
den Verstorbenen
noch einmal berühren

Wunden waschen und loslassen
Erinnerungen bewahren
und Duftöl verströmen
gegen den Tod

Es ist der Anfang der neuen Woche
ganz früh
und die Sonne geht auf

Doch ihre Gedanken und ihre Gefühle
kennen gerade nur
das Grab und den Stein
der den Zugang versperrt

Kein Blick für das Morgenlicht

Sie kommen näher
Das Grab ist geöffnet
sie laufen ins Dunkle

Werden geblendet von einem weißen Gewand
erschrecken zu Tode
erstarren im unwirklichen Licht

Erst eine Stimme holt sie zurück
in den Moment
Erschreckt nicht
Ihr sucht Jesus
dort
wo er nicht ist

Das verstehen sie nicht
Sie waren so sicher
dass sie ihren Gefährten

hier finden
Sucht Jesus im Leben
und nicht im Grab

Sucht ihn in eurer Zukunft
nicht in der Erinnerung

Lebt euer Leben
darin sucht Jesus
Findet ihn in eurem Tun
und im Lassen

Dasein
ist sein Wesen
und Beziehung
Er wird euch begegnen

Zittern erfasst sie
Sie fliehen
so schnell sie können
und sagen nichts
Zu niemandem

Das eben
hat alle Wörter gesprengt

Markus 16,1-8

Sucht Jesus im

LEBEN

Gott ist geboren. Glanzvoll und ärmlich. Bedürftig und stark

Die Welt wird verwaltet, gezählt und geordnet, kontrolliert und besteuert. Das ist im Römischen Reich nicht anders als heute. So umfassend geschieht es das erste Mal. Und der Arm des Staates reicht bis in den äußersten Winkel. Jeder muss dorthin, wo er zur Welt kam. Josef aus Galiläa, der Provinz im Norden von Israel, ist einer von Abertausenden, die unterwegs sind. Er muss Richtung Süden, in die Nähe von Jerusalem, nach Bethlehem. Von dort kommt er her. Seine Wurzeln reichen weit zurück in die David-Dynastie. Seine Frau zieht mit ihm, Maria. Die ist hochschwanger. In Bethlehem bekommt sie ihren ersten Sohn. Sie haben Tücher. Da ist ein Futtertrog in der Hütte. Sonst haben sie keinen Raum. Und der Winter ist kalt.

Ganz in der Nähe sind Hirten bei ihren Schafen und durchwachen die Nacht. Aus dem Nichts, plötzlich: ein Himmelslicht, hell und klar. Sie erstarren. Angst macht sich breit. Dann hören sie eine Stimme:

Habt keine Angst
Seht
Hört

Freude breitet sich aus
Göttliche Gegenwart
geboren für euch

Voller Geheimnis
Glanzvoll und ärmlich
bedürftig und stark

In einem Futtertrog
in Windeln gehüllt
Gott selbst
in diesem Kind

Noch heller leuchtet das Gotteslicht jetzt.
Himmlische Stimmen singen im Engelchor:

Ehre sei Gott
In der Weite des Universums
und in der Tiefe des Lebens
Menschen werden berührt
von göttlicher Kraft
Friede breitet sich aus

So plötzlich, wie sie kamen, sind sie wieder weg, die himmlischen Lichter und Stimmen. Die Hirten schauen staunend hinterher. Sie brauchen einen Moment, bis sie wieder bei sich sind. Und aufbrechen.

Maria finden sie, Josef, das Kind in Windeln und den Futtertrog. Sie sehen Not und Ausgrenzung und Armut. Und göttliches Licht mittendrin, neugeboren, überwältigend unscheinbar. Das berührt ihr Herz. Das Zarte tief innen. Und das Bedürftige unter der wettergegerbten Haut. Für diesen Moment kann es da sein, das Ohnmächtige und Empfängliche. Ohne dass es Angst macht. Sie sind verbunden. Mit dem Kind und dem Himmel. Mit Gott in ihnen. Ihr Reden ist erfasst von göttlicher Energie. Und weckt die Herzen derer, die es hören. Damals. Heute. Immer.

Auch Maria ist bewegt von dem, was passiert. Von den göttlichen Momenten. Und den Worten, die daraus entstehen. Ihr Herz ist voll. Nichts ist sortiert. Leben ist aus ihr geboren. Und in ihr. Leben, das Zukunft eröffnet. Mitten in der kalten Nacht. Mitten in der fremden Heimat.

Lukas 2,1-20

IHR IHR
HERZ IST VOLL HERZ IST VOLL
IHR HERZ IST VOLL IHR HERZ IST VOLL
IHR HERZ IST VOLL IHR HERZ IST VOLL IHR HERZ
IST VOLL IHR HERZ IST VOLL IHR HERZ IST VOLL
IHR HERZ IST VOLL IHR HERZ IST VOLL IHR HERZ
IST VOLL IHR HERZ IST VOLL IHR HERZ IST VOLL
IHR HERZ IST VOLL
IHR HERZ IST VOLL IHR HERZ IST VOLL IHR
HERZ IST VOLL IHR HERZ IST VOLL IHR
HERZ IST VOLL IHR HERZ IST VOLL
IHR HERZ IST VOLL IHR HERZ
IST VOLL IHR HERZ IST
VOLL IHR HERZ
IST VOLL.

Göttliche Spuren in meinem Leben:

Ich kann es kaum glauben

Ich bin müde
schufte wie immer
ohne Erfolg
im Moment
Woher diese Stimme?

Schlaue Sprüche
helfen mir
nicht
Durststrecken
gehören dazu

Die Stimme meldet sich wieder:
Probier's einfach noch mal
gleich jetzt
Du wirst staunen
was möglich ist

Warum höre ich das?
Es ist
gegen jede Vernunft

gegen alles
Know-how

Schlechtere Zeiten
kann es kaum geben
Große Fische
geh'n nicht ins Netz
nicht heute, nicht hier

Ich kenne die Regeln
aber ich kriege
die Stimme nicht los:
Probier's einfach noch mal
Wag dich weiter hinaus

Über dein Umfeld
und deine Gewohnheit
Riskiere die Unsicherheit
und die Tiefe
Und du wirst staunen

Es dauert nicht lange
da werd ich beschenkt
Ich kann ihn kaum glauben
diesen Erfolg
jetzt im Moment

Ich erschrecke
und staune
weiß nicht, was das ist
Womit bin ich
hier in Berührung?

Dann wieder die Stimme:
Hab keine Angst
Lass dich beschenken
Erlaub dir zu staunen

Werde vertraut
mit der Quelle des Lebens
Mach dich mit anderen
auf diesen Weg

inspiriert durch Lukas 5,1-11

Hier
kann sie
sein

Tränen und Küsse

Wo kam sie her?
Ist auch egal

Jetzt ist sie da
Hält ihr Herz
nicht zurück

Lässt
ihre Zuneigung
fließen

Vorsichtig
und doch auch entschieden
berührt sie die Füße
überschüttet Jesus
mit Tränen

Da fließt so viel mit
was wehtut
und die Sehnsucht dazwischen
So viel Enttäuschung
und verzweifelte Liebe – – –

Sie trocknet die Füße
mit ihren Haaren
In ihren Küssen
liegt so viel Zärtlichkeit

Hier ist es gut
hier kann sie sein
ist nicht wieder verloren

Findet Wärme
für das
was in ihr so friert

Findet Liebe
die sich versteckt hat
und die doch so kraftvoll ist
in ihr drin

Lukas 7,37-38

Aufmerksam

Einer sagt zu dem Gottesmenschen:
Ich folge dir, egal, wohin du gehst

Darauf er:
Ein Dach über dem Kopf
wirst du nicht finden bei mir
Keine vier Wände
Kein Bett zum Ausruhen
Kein Regelwerk für alle Fälle
Ich bin unterwegs
Das ist mein Wesen

Einen anderen bittet der Gottesmensch
zu folgen. Der sagt:
Lass mich vorher meinen Vater begraben

Darauf er:
Begrab du deine Ängstlichkeit
Brich auf
und triff deine eigenen Entscheidungen
Wende dich dem Leben zu

dem göttlichen Leben
Mach Erfahrungen damit
und rede davon

Ein anderer sagt:
Ich will dir folgen
Aber lass mich vorher
Abschied nehmen
von Menschen
die mir wichtig sind

Darauf er:
Zurückschauen bringt gar nichts
Im Gegenteil
Es nebelt die Orientierung ein
Gottes Wirken entfaltet sich hier und jetzt
in die Zukunft hinein
Das braucht alle Aufmerksamkeit
nicht das, was gewesen ist

Lukas 9,57-62

Feiern

Das Leben ist hart
an manchen Tagen besonders
Es gab schon bessere Zeiten
in meinem Leben

Ich schlag mich so durch
Schön ist das nicht
aber gerade geht es nicht anders
Ich werd es schon schaffen

Ich leb vor mich hin
Tag für Tag
für Tag
für Tag

Auf einmal
eine Stimme
Hey du
Bin ich gemeint?

Ich weiß nicht
ob ich träume oder
wach bin
Was ist das für eine Wirklichkeit?

Hey du
Ja, du bist gemeint
Ich
tatsächlich

Komm mit
Du bist eingeladen
zum großen Fest
ganz in der Nähe

Ich kann's noch nicht glauben
Diese Adresse
dort treffen sich
Reiche und Schöne

Ich geh
einfach mal mit
Mehr als enttäuscht werden
kann ich ja nicht

Unterwegs sehe ich andere
sie geh'n auch
in die Richtung
Festliche Kleidung sieht anders aus

Jetzt seh ich die Lichter
die Lampions im Garten
Ich höre Stimmen
und die Musik

Mir steigt
der Duft in die Nase
Gleich bin ich da

So viele Menschen
Einige kenne ich
Was ist das für ein Fest?

Du bist eingeladen
zum großen Fest

Bunt und schräg
komisch manche
Warum hat den Gastgeber
uns eingeladen?

Diese Welt ist so anders
als mein Leben gerade
Ich tauche ein
lasse mich mitnehmen

Genieße die Atmosphäre
so ungezwungen und fröhlich
Wusste gar nicht mehr
dass es das gibt

Ich genieße das Essen
so wunderbar alles gemacht
dazu die Musik
und der Wein

Irgendwann höre ich:
Die Schönen und Reichen hatten was anderes vor
Gibt es Besseres
als dieses Fest?

Lukas 14,16-23

Ganz und gar nicht verloren

Manchmal
verliere ich mich
in dem, was zu tut ist
Im Gewimmel der Welt
oder irgendwo in mir drin

Manchmal
verliere ich mich
finde nicht mehr zurück
nicht zu mir
und nicht zu den andern

Manchmal
habe ich Angst
ich gehe verloren
und niemand kriegt's mit
Sie sind so beschäftigt

Wer findet mich?

Irgendwoher kommen Signale
Licht
Leise Stimmen
Hat mein Herz Ohren?
Oder spricht es mit mir?

Du musst da nicht bleiben
Es gibt andere Orte
Komm dorthin
wo du dich findest

Wo sich Menschen
verbinden mit ihrem Inneren
mit anderen Menschen
und auch mit Gott

Sie feiern und tanzen und singen
Sie freuen sich über jede und jeden
Du bist willkommen
wie du grad bist

Du bist willkommen
auf diesem Fest

Lukas 15,3-7

Meine Resonanzen zu den Worten aus dem Lukas-Evangelium:

Lebensquelle mitten im Tod

Drei Kreuze auf einem Hügel
er ragt wie ein Schädel aus der Landschaft heraus
An den Kreuzen drei Männer
Grausam gequält

Einer lässt sich nicht gefangen nehmen
nicht beherrschen von diesem Ereignis
der Verachtung
dem Schmerz

Vater, vergib ihnen
Sie wissen nicht, was sie tun
Wie aus einer anderen Welt
teilt er Leben aus mitten im Tod

Die Soldaten ergreifen
die wenigen Habseligkeiten
Das Volk steht herum
und gafft

Mächtige und Soldaten spotten
Andern hat er geholfen
jetzt sind ihm die Hände gebunden
dem König der Juden

Der neben ihm hängt
lästert mit
Wenn du was kannst
hilf dir selbst und uns

Der auf der anderen Seite widersteht
Hast du denn
gar keinen Respekt?
Wir hängen zu Recht. Er nicht

Und an Jesus gewandt
Wenn du in Gott sein wirst
denke an mich

Darauf kannst du dich verlassen
sagt Jesus
Gott wird dich und mich
noch heute aufnehmen in sich

Auch wenn der Tod
noch die Herrschaft übernimmt
und die Sonne ihr Licht verliert
am helllichten Tag:

Der Vorhang im Tempel
ist schon zerrissen
Gott längst hervorgetreten
aus seiner Welt

Lukas 23,33-45

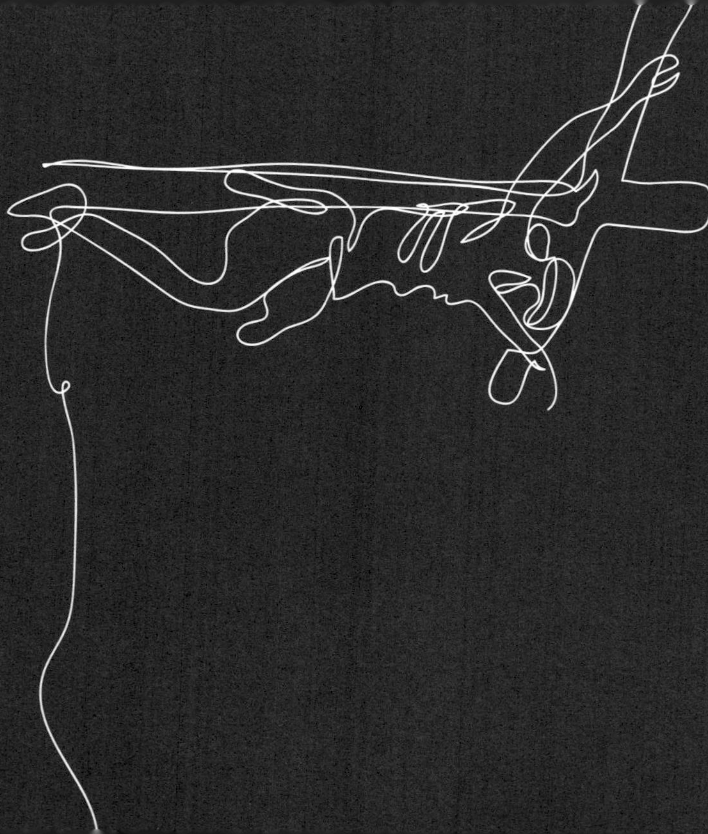

Gott wird dich und mich
noch heute aufnehmen in sich

Gottes Geist durchdringt alles Menschliche

Der Prophet hört Gottes Stimme:

Mein Geist wird die Welt durchdringen
Stärker, intensiver, umfassender
als bisher

Meinen Geist
gieße ich aus
in die Herzen der Menschen

Einsickern wird er
und sich verbinden
mit allem Menschlichen

Wie Wasser versickert
und Pflanzen nährt

Mein Geist
durchdringt Menschen
wandelt Böses in Gutes

Verdoppelt die Freude
tröstet in Trauer
richtet auf und macht Mut

Meinen Geist gieße ich aus
auf Frauen und Männer
Junge und Alte

Vielstimmig spricht er
Junge haben Visionen und Erscheinungen
Alte haben Träume

Unterdrückte erheben ihre Stimme
sprechen *ihre* Wahrheit aus
und *ihr* Gespür für die Zukunft

Wundern werdet ihr euch
was alles euren Verstand übersteigt
und womit ihr beschenkt werdet

Wundern werdet ihr euch
wie eure Unterschiede produktiv werden
und wie ihr darin verbunden seid

Meine Gegenwart wird euch Halt geben
Darauf richtet euch aus
Ich bin da ist mein Name

Seid auch ihr da
mit dem, was euch bewegt
richtet euch aus

Kommt mit mir in Berührung
erlebt Heilung
erfahrt Rettung

Apostelgeschichte 2,17-21 (Joel 3,1-5)

ein GEIST durchdringt

Vertraut wird, woraus wir schon immer gelebt haben

Im Ursprung lag alles in Gott
Und Gott war, was werden wollte
Universum und Leben
Idee und Wirklichkeit
Kraft und Entfaltung

Alles war miteinander verbunden
im Ursprung in Gott
Das All, die Gestirne, die Erde
Pflanzen, Tiere und Menschen

Nichts entsteht, was nicht aus dem Einen kommt
In ihm ist alles verdichtet, was werden will
Göttliche Energie, lichtvoll verborgen

Seher braucht die Welt
wie Johannes
Licht braucht die Welt
Jesuslicht

Göttliches Licht kommt
in das, was aus ihm hervorgegangen ist
und was doch so wenig vom Göttlichen versteht

Göttliche Energie wird Fleisch und Blut
Herz und Haut, Schmerz und Sehnsucht
und öffnet unsere Augen

Verbindet uns mit unserem Ursprung
unseren Potenzialen
unserer Kraft

Göttliches Leben entfaltet sich
Gott in uns und wir in Gott
Vertraut wird, woraus wir schon immer gelebt haben

Johannes 1,1-14

Probier es aus

Die Stimmen in mir
sind mir manchmal zu viel
Sie lärmen und reden
verstopfen mein Ohr

Worauf soll ich hören?
Warum sind meine Zweifel so laut?
Wie kann ich wissen
was gut ist für mich?

Wie weiß ich
was göttlich ist
und was nicht?
Wie verkörpert es sich?

Menschen sagen
Jesus sei göttliche Gegenwart
Ich fange an zu vertrauen
Komm aber nicht weit

Jesus
wie find ich heraus
wer du bist
und ob es stimmt

dass du lebst
und heute noch wirkst
anwesend bist
in unserer Gegenwart?

Lass dich ein
höre ich
Probier es aus
Vertrauen wächst im Erleben

Wie kann das gehen
frage ich mich
Du bist schon dabei
flüstert etwas in mir

Ich will's wirklich wissen
Jesus, wie find ich heraus
ob du heute noch wirkst
anwesend bist, hier und jetzt?

Lass dich ein
höre ich
Probier es aus
Die Stimme ist fremd und vertraut

Entdecke
die Quelle, aus der auch dein Leben kommt
Du bist in Berührung damit
Gerade wird Neues geboren

Göttliche Gegenwart
in deinem Geist
ist nicht zu sehen
aber sie wirkt

Vertrauen

wächst im Erleben

Berührt dich mit dem
was dir guttut
dich aufrichtet und stärkt
belebt und beschwingt

Du kannst es nicht planen
nicht herbeiführen
Es kommt und es geht
und umweht dich wie Wind

Nikodemus-Gespräch heute – inspiriert durch Johannes 3,1-8

Mittagshitze

Jeden Tag geh ich zum Wasser
Zum Glück haben wir
den alten Brunnen
da draußen

Am Mittag bin ich meistens allein
Die Sonne brennt senkrecht vom Himmel
Das ist mir grad recht
ich muss niemanden treffen

Heute ist einer da
der sich sonst nicht hierhin verirrt
Hat nichts zum Schöpfen dabei
bittet um Wasser

Meint er mich?
Das kann nicht sein
Zu groß sind die Unterschiede zwischen
seiner und meiner Kultur

Dann bietet er mir etwas an
Wasser
Lebendiges Wasser
Woher will er das nehmen?

Ich bin verwirrt
durcheinander und
in Gedanken
Er redet weiter

Lebendiges Wasser
hör ich
Wasser, das nicht verdunstet
das Durst stillt für immer

Wir werden zur Quelle
für andere
hör ich
Wasser fließt aus uns heraus

Ich kann's nicht verstehen
bin immer noch irritiert
aber auch
neugierig geworden

Er redet
als ob er mein Leben kennt
das Bedürfnis in meiner Seele
und meine Sehnsucht

Er redet, als ob er versteht
wie wir leben und glauben und hoffen
woran unser Herz hängt
und was uns beschwert

So unmittelbar spricht er
von Geist und von Wahrheit
von Anbetung
ohne Tempel und Kirchen

Das Herz einfach ausschütten
ehrlich und offen und mit Vertrauen
Das hat was mit Fließen zu tun
mit Wasser und Quelle

Ich bin's
sagt er nur
Das kann doch nicht sein
Warum eigentlich nicht?

Johannes 4,5-28

Lebendiges Wasser

Endlich auf eigenen Beinen stehen

Mir ist
als kam ich
benachteiligt
schon auf die Welt

Das Glück schaut
bei andern vorbei
Bis ich dort bin
ist es schon wieder weg

Ich weiß nicht genau
was mir fehlt
Bin ich einfach zu langsam
für dieses Leben

Zu schlecht ausgestattet
Ich komm nicht schnell
auf die Beine
wenn etwas verteilt wird in dieser Welt

Mir fehlen Menschen
die es gut meinen mit mir
die ihr Glück mit mir teilen
Hab ich mich schon daran gewöhnt?

Auf einmal höre ich:
Willst du endlich auf eigenen Beinen stehen
dein Glück selbst in die Hand nehmen
statt dich zu bedauern?

Ich kann eben nicht anders
sag ich
Ich kam schon benachteiligt
auf diese Welt

Die Stimme aber lässt sich
nicht einfach abstellen
Sie bleibt
leise und stark

Ich kann sie nicht überhören:
Willst du auf eigenen Füßen stehen
das Glück willkommen heißen
deine Hände öffnen für das
was geschenkt wird?

Die Stimme beharrt:
Steh auf
Stell dich hin
Nimm dein Leben in Angriff

Ich stehe auf
stelle mich hin
bin erstaunt
wie gut sich das anfühlt

Für den Moment
ist meine Gewohnheit durchbrochen
Ich bin gespannt
was das heißt

Johannes 5,1-8

Steh auf

Lebensbrot

Jesus:

Ich bin da
Kommt
wenn ihr ausgelaugt seid
bedürftig und hungrig

Wenn euch fehlt
was ihr braucht
euer Herz leer ist
und eure Seele sich sehnt

Wenn ihr schmecken wollt
und riechen
wie Leben sein kann
Kommt zu mir

Lasst euren Hunger stillen
und euren Durst
Lasst eure Seele
gesunden

Und eure Sehnsucht
schmecken
was diese Welt
übersteigt

Ich bin
Lebensbrot

Johannes 6,35

Lasst euch bescheinen

Jesus:

Ich bin da
Licht bin ich
Licht für euch
Licht für die Welt

Öffnet eure Sinne
und Herzen
Auch die dunklen Kammern
tief innen

Licht bin ich
in euren Ängsten und Sorgen
Ein Leuchten im Weltschmerz
Hoffnung in allem

Dem Dunklen
nehm ich die Macht
Bringe Machenschaften
und Missbrauch ans Licht

Lasst euch erleuchten
Öffnet die Seelen
für himmlischen Glanz
in dieser Welt

Johannes 8,12

Himmelstür

Jesus:

Ich bin da
Ich bin die Tür
die Himmelstür
Ein offenes Tor

Öffnet eure Augen
die äußeren
und die inneren
und schaut

Schaut
was der Himmel
euch schenkt
was ihr empfangt

Lustvolles Erleben
Schönheit und Kraft
Menschen
auf die Verlass ist

Mut
sich nicht zu verleugnen
Verbundenheit
mit dem Ganzen

Schaut, was ihr empfangt
Licht im Gesicht
dankbare Augen
und ein friedvolles Herz

Johannes 10,9

Ich schütze euer Leben

Jesus:

Ich bin da
Ich suche gutes Gelände
für euer Leben

Ich weiß
was ihr braucht
ich hab euch im Blick

Ich führe euch
zu den Quellen
die den Durst wirklich löschen

Ich weiß um
Abgründe, Klippen
und Feinde

Ich bin da
kämpfe für euch
und beschütze das Leben

Schaut mich an
Hört meine Stimme
macht euch vertraut
mit meinem Klang

Ich kenn
euer Sehnen
Lass keinen im Stich
und niemanden wegreißen von mir

Johannes 10,11.27-30

„Ich bin der gute Hirte."
Johannes 10,11

ICH BIN

Leben, das den Tod überlebt

Jesus:

Ich bin
Ich bin da
bei euch
Beschenke euch

Zeigt
was euch einschränkt
was euch die Luft nimmt
und das Leben raubt

Habt keine Angst
wenn es ans Licht kommt
auch wenn es schmerzt
für den Moment

Im Licht kann es heilen
Leben einatmen
bis in die Fußzehen
und in die Haarspitzen

Ich bin Leben
durch und durch
Damit verbindet euch
Das ist das Leben
das auch den Tod überlebt

Johannes 11,25-26

„Ich bin die Auferstehung und das Leben."
Johannes 11,25

Verbunden in Gott

Jesus:

Ich bin da
mit euch unterwegs
Schritt für Schritt

Ich erkunde
was kommt
Trete den Pfad

Ich bin der Weg
der nächste Schritt
Eine Öffnung
wenn sich alles verschließt

Ein Ausblick
Mut und Kraft
wenn der Boden weich wird
zu weich

Ich bin der Weg
zu eurer Mitte
zur Wahrheit
im eigenen Herzen

Zu eurem Schmerz
und
zur Sehnsucht
die sich verbirgt

Legt
die Masken ab
vor euch selbst
wenigstens

Lasst das Beliebige
hinter euch
Dringt vor zu dem Grund
der euch trägt

Darin
bin ich verbunden
mit euch
und mit Gott

Johannes 14,6

„Ich bin der Weg und die Wahrheit und das Leben."
Johannes 14,6

Von Früchten und Wein

Jesus:

Ich bin da
bei euch
Ich nähre euch

Ich bin der Stamm
der Weinstock
die Verbindung zum Boden

Was nötig ist
für das Leben
habt ihr durch mich

Durch mich kommt die Kraft
in das, was ihr tut
Eure Ausstrahlung wächst

Andere sehen es
lassen sich locken
in das Geheimnis

das sich verkörpert
in mir
und in euch

Ihr seid die Zweige
Reben und Triebe
an denen die Frucht wächst

Sucht die Verbindung
mit mir
mit der göttlichen Quelle

Wo das Leben fließt
wird es euch überraschen
beschenken

wieder und wieder
mit Früchten und Fülle
und göttlichem Glanz

Johannes 15,5-8

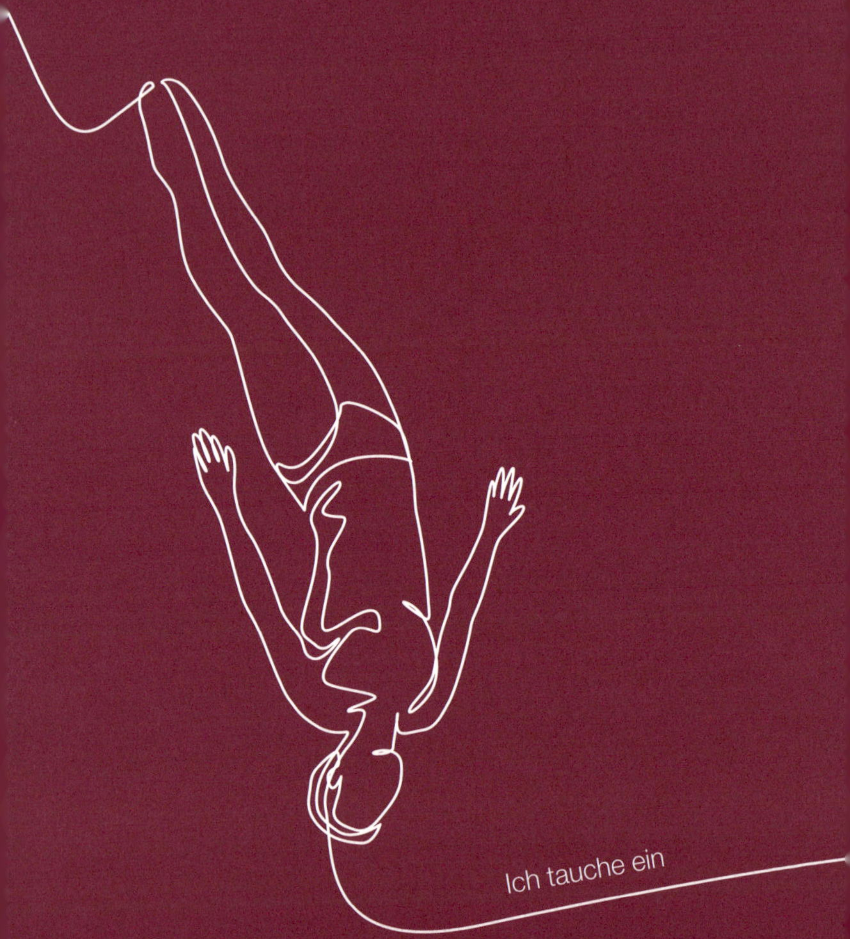
Ich tauche ein

Gebet zu den „Ich-bin-da"-Worten

Ich tauche ein in den Raum
spüre den Hunger
in meiner Seele
lasse mir etwas zeigen
vom Himmel und seinem Licht
von Wärme und schützender Kraft
vom Lebensbrot und von den Früchten

Ich bin da
höre ich
Ich auch
So, wie ich bin
tauche ich ein
lasse mich nähren

Es tut gut
einfach da zu sein
ganz Gegenwart
Stillekraft tanken
Seelennahrung
Lebensquelle

Mitgenommen werden von
Hoffnungsliedern
Tanzkapellen
Himmelschören

Meine Resonanzen zu den „Ich-bin-da-Worten“:

Und mein Gebet:

Voller Zukunft

Das Grab ist so leer
wie mein Herz
Abhandengekommen
was einmal getragen hat

Zum Heulen ist mir zumute
Aber die Tränen
wollen nicht kommen
Zu sehr versteckt
sind sie irgendwo
in mir drin

Ich war mir so sicher
es fühlte sich richtig an
Ich hab ihm vertraut
ihn verehrt
Jetzt ist er verschwunden
Leer ist das Grab
und leer ist mein Herz

Irgendwann
fließen sie doch
meine Tränen
Endlich
Etwas löst sich in mir

Maria
höre ich
Da ist sie wieder
die vertraute Stimme

Maria
lass los
Halte nicht fest
was vergangen ist
auch wenn du dich
so sehr danach sehnst

Öffne dein Herz für das
was noch kommt
Neues wirst du empfangen
Ich bin da
Ganz im Moment
ganz voller Zukunft

Gebet der Maria – inspiriert durch Johannes 20,11-18

Auferstehung

LEBEN

ALPHA WEG Licht der Welt WAHR HEIT OMEGA

Jesus LAMM

CHRISTUS

Unterschiedliche Lebenslagen – oder: Stichwortverzeichnis

Jesusworte in der vertrauten Form entnommen aus: Lutherbibel, revidiert 2017, © 2016 Deutsche Bibelgesellschaft, Stuttgart.

Zitatnachweis „Einstimmung", Böll, Heinrich; Linder, Christian: Drei Tage im März. Ein Gespräch, Köln 1975, S. 72.

Der Text zu Markus 10,13-16 ist aus Hartmann/Knieling: Wie wir den Einen suchten…, Gütersloh 2019, entnommen (dort S. 165) und leicht überarbeitet.

FSC
www.fsc.org
MIX
Papier aus verantwortungsvollen Quellen
FSC® C014889

Dillerberg 1, 35614 Asslar

1. Auflage 2022
Best.-Nr 835324
ISBN 978-3-86334-324-8

Umschlaggestaltung: Mareike Schaaf
Umschlagmotiv: Shutterstock/macro.viewpoint
Illustrationen: Mareike Schaaf
Lektorat: Karoline Kuhn
Satz: Uhl + Massopust, Aalen
Druck und Verarbeitung: Friedrich Pustet, Regensburg
Printed in Germany

www.adeo-verlag.de